大江大河 科普绘本

长江

黄金水道

米金升 著
胡优 廖朝阳 绘

童趣出版有限公司编　人民邮电出版社出版
北京

图书在版编目（CIP）数据

长江：黄金水道 / 米金升著；胡优，廖朝阳绘；童趣出版有限公司编. -- 北京：人民邮电出版社，2024.6
（大江大河科普绘本）
ISBN 978-7-115-63476-4

Ⅰ. ①长… Ⅱ. ①米… ②胡… ③廖… ④童… Ⅲ. ①长江－少儿读物 Ⅳ. ①K928.42-49

中国国家版本馆CIP数据核字(2024)第005188号

责任编辑：史苗苗
责任印制：李晓敏
封面设计：董　雪
排版制作：北京胜杰文化发展有限公司

编　　　：童趣出版有限公司
出　　版：人民邮电出版社
地　　址：北京市丰台区成寿寺路 11 号邮电出版大厦（100164）
网　　址：www.childrenfun.com.cn

读者热线：010-81054177
经销电话：010-81054120

印　　刷：雅迪云印（天津）科技有限公司
开　　本：710×1000　1/8
印　　张：6
字　　数：65 千字
版　　次：2024 年 6 月第 1 版　2024 年 6 月第 1 次印刷
书　　号：ISBN 978-7-115-63476-4
定　　价：69.00 元

版权所有，侵权必究。如发现质量问题，请直接联系读者服务部：010-81054177。

序 言

水是生存之本、文明之源、生态之基。古往今来，人类逐水而居，文明伴水而生。

奔腾不息的长江、黄河，是中华民族的摇篮，哺育了五千多年未曾中断的中华文明。纵横千里的大运河是世界上里程最长、规模最大的人工水道，为中华民族生生不息、发展壮大提供了丰厚滋养。珠江水系众多，从小渔村到粤港澳大湾区，见证了令世界瞩目的发展奇迹。

在广袤的华夏大地上，长江、黄河、珠江、大运河等大江大河，以独特的地理环境与历史风貌共同孕育了自强不息、璀璨光辉的中华文明。斗转星移，时光轮转，承载着华夏儿女苦难与辉煌的大江大河历经千年风雨，终于迎来了崭新的时代。每一条大江大河的生态保护和系统治理，事关中华民族的伟大复兴，事关子孙后代的幸福生活，也寄托着中华民族的光荣与梦想。

在这样的新时代背景下，面向儿童出版一套弘扬我国大江大河科技与文明的科普绘本，正当其时。这套"大江大河科普绘本"与以往关于长江、黄河、珠江、大运河的科普图书有所不同：从"科技＋工程"的角度入手，精心设计手绘图景，全景展现了我国大江大河的地理风貌、历史变迁、人文风貌、超级工程和科技成就等。孩子们每了解一个知识点都如同走入一幅画卷，在打开视野的同时，也沉浸式地了解了大江大河的前世今生。更重要的是，这套书通过介绍大江大河上的超级工程及其科技创新，帮助孩子们对今天的大江大河产生全新的认识。

可以说，这套"大江大河科普绘本"，既是科普，又是见证——科普长江、黄河、珠江、大运河的相关知识，见证五千多年来中华民族在历史、文化、经济、水利、交通、城市、生态等领域所取得的辉煌成就。

国家和民族期盼少年儿童健康成长，成为担当民族复兴大任的时代新人。衷心希望广大少年儿童通过阅读这套"大江大河科普绘本"，愿意去深入了解我国的大江大河，从而树立起民族自信心，担当起时代传承使命。

中国工程院院士、水文学及水资源专家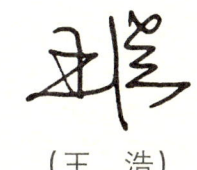

（王 浩）

中华民族的母亲河

长江是中国第一长河，也是中华文明的象征，她发源于青藏高原，一路向东，在上海汇入东海。

长江干流一路向东，大小支流不断汇入，也连通了很多湖泊。京杭大运河、淮河也和长江连通。

长江流域适合多种农作物生长。在长江的哺育下，世世代代的人们繁衍生息，造就了几千年的中华文明。

京杭大运河

太湖

三峡大坝

鄱阳湖

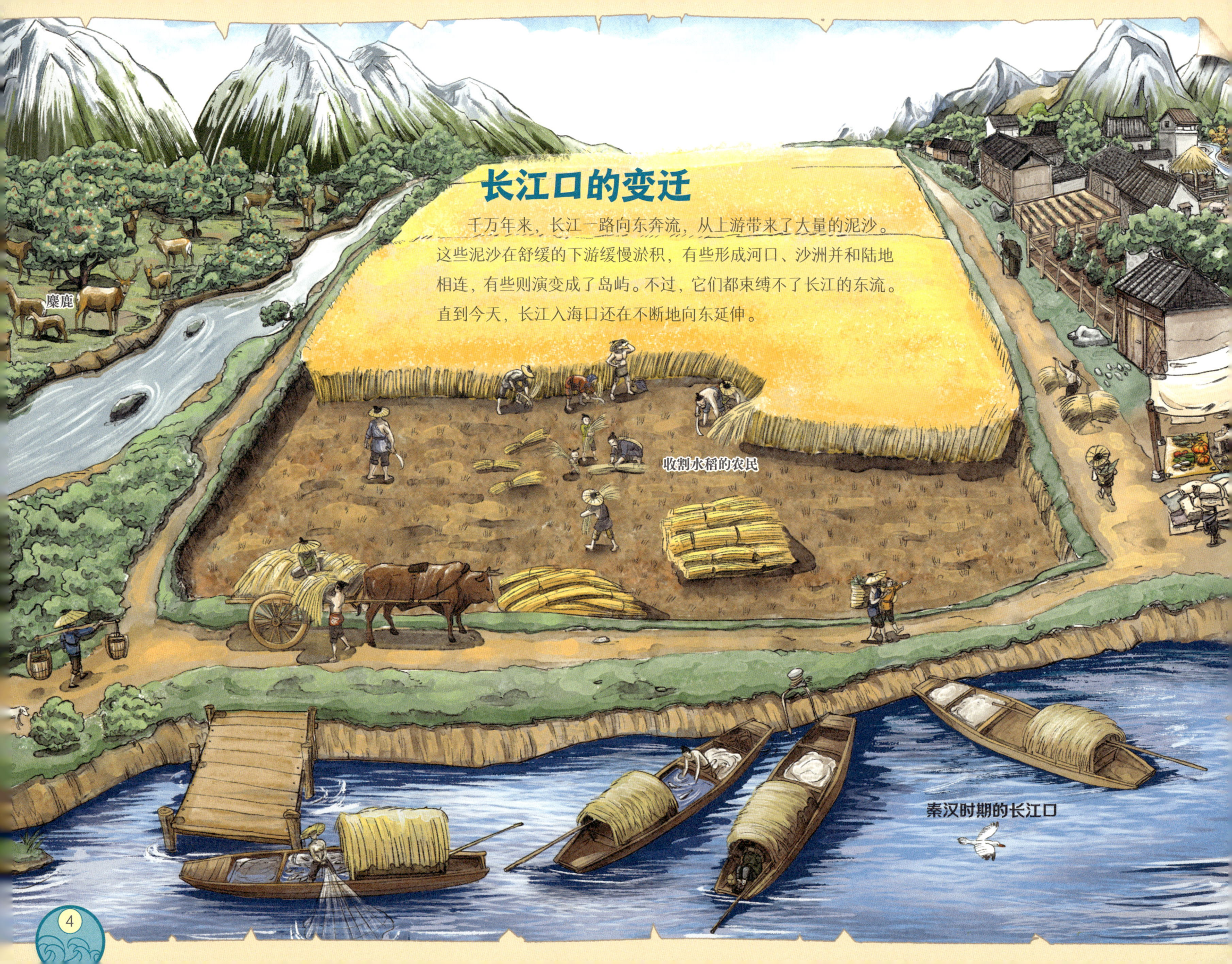

长江口的变迁

千万年来,长江一路向东奔流,从上游带来了大量的泥沙。这些泥沙在舒缓的下游缓慢淤积,有些形成河口、沙洲并和陆地相连,有些则演变成了岛屿。不过,它们都束缚不了长江的东流。直到今天,长江入海口还在不断地向东延伸。

麋鹿

收割水稻的农民

秦汉时期的长江口

清朝时期的长江口

从吴越文化到海派文化

2000多年前的长江下游,就有了古代的吴国和越国。这里是水乡泽国,盛产稻米。人们在这里生活,逐渐形成了吴越文化。

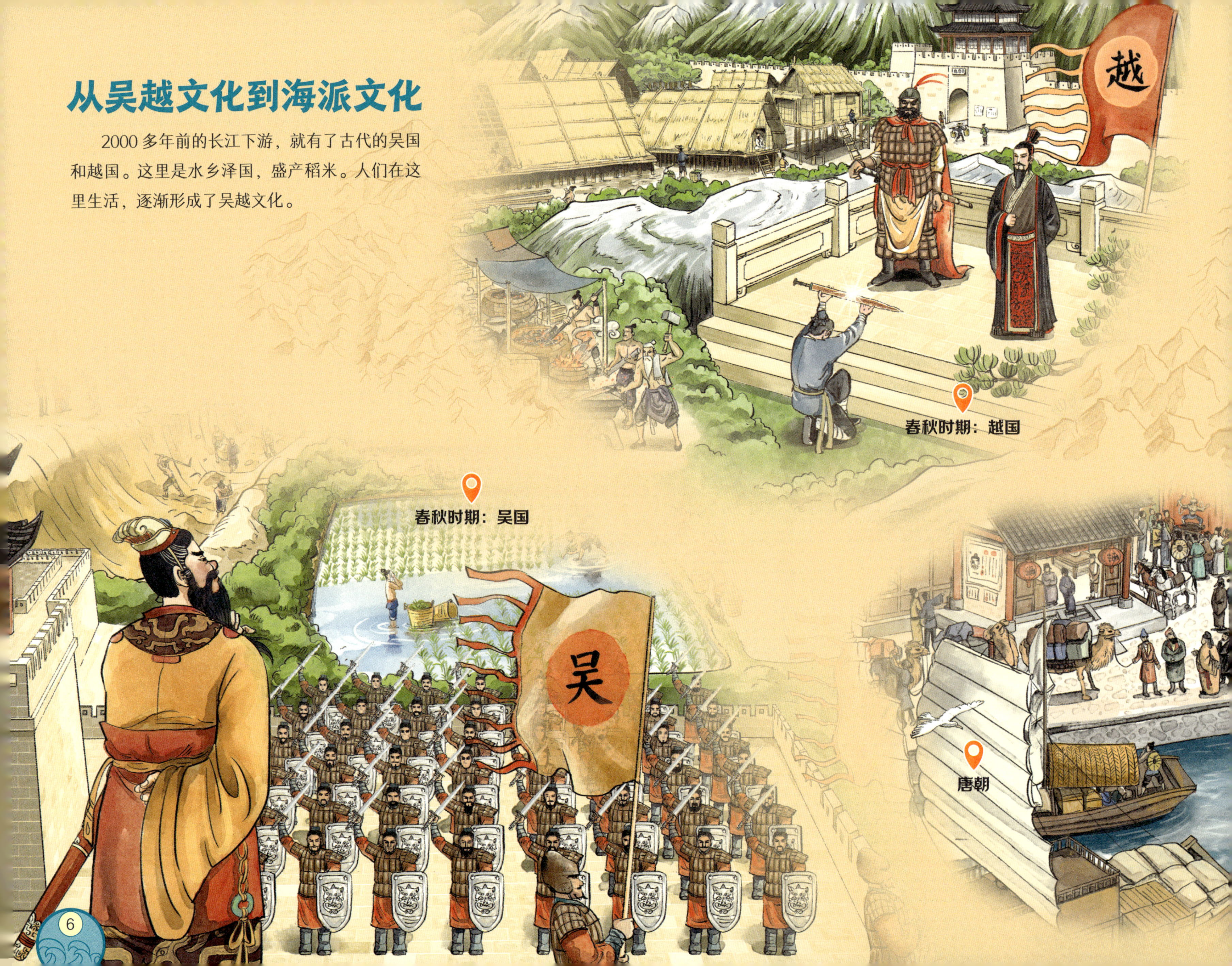

春秋时期:越国

春秋时期:吴国

唐朝

宋朝

现代

明朝

100多年前，域外文化在这里登陆，包容并蓄形成了今天的海派文化。利用良好的交通、人文优势，上海逐渐成为国际化大都市，经济发展辐射整个长江三角洲。

世界上最复杂的河口

长江口最宽处约90千米,虽然是一个河口,但它实际上已经和大海相连了。伴随着滔滔江水,上游的泥沙顺流而下,在长江口逐渐淤积,形成了3级分汊,4个入海口。因此,长江口成为世界上最复杂的河口。

上海的"两只翅膀"

上海要腾飞,需要"两只翅膀":一只"翅膀"是建设大港口,让世界各地的轮船停靠;另一只"翅膀"是建设大航道,让轮船便捷地进出长江口,畅通内陆。大港口就是位于东海的洋山深水港,大航道就是长江口深水航道。长江口深水航道的建设不仅会加快上海的发展,也会带动长江流域的发展。

著名的拦门沙

长江入海后,由于水域变宽,水流趋于平缓,泥沙就慢慢地淤积了下来。于是,长江口形成了一道水深大约 6 米的浅滩,它就像一道门槛,阻碍着轮船的正常通行,这就是长江口著名的拦门沙。

拦门沙的形成原理

惯性作用

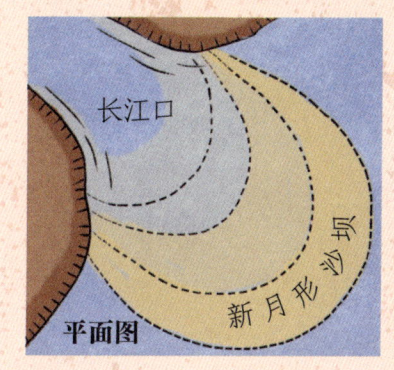
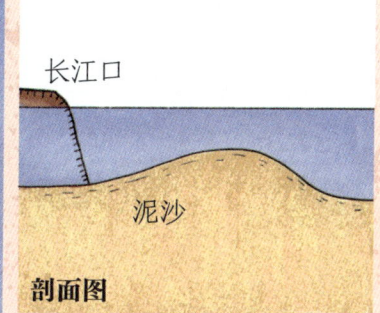

江水脱离河岸的束缚后,水流扩散,流速迅速减慢,大量的泥沙在长江口附近淤积,形成了拦门沙。

顶托作用

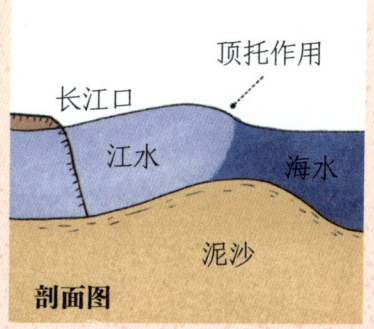

在长江口,江水的水位与海水的水位差距较小。涨潮时,海水的水位上升,就会从长江口倒灌入河道内,从而导致长江口处的水位上升、排水受阻,产生泥沙淤积。

如何打通拦门沙？

"治理长江口，打通拦门沙"，这是 100 多年前孙中山先生提出的设想，也是中国几代科技工作者的梦想与追求。

把江底的泥沙挖出一道深槽，轮船就可以顺利航行。打通拦门沙，建设深水航道的原理就这么简单。

▶▶ **1**
挖泥船施工，挖出航道内淤积的泥沙。

可是，面对这个世界上最复杂的河口，中国人尝试了很多次都失败了。

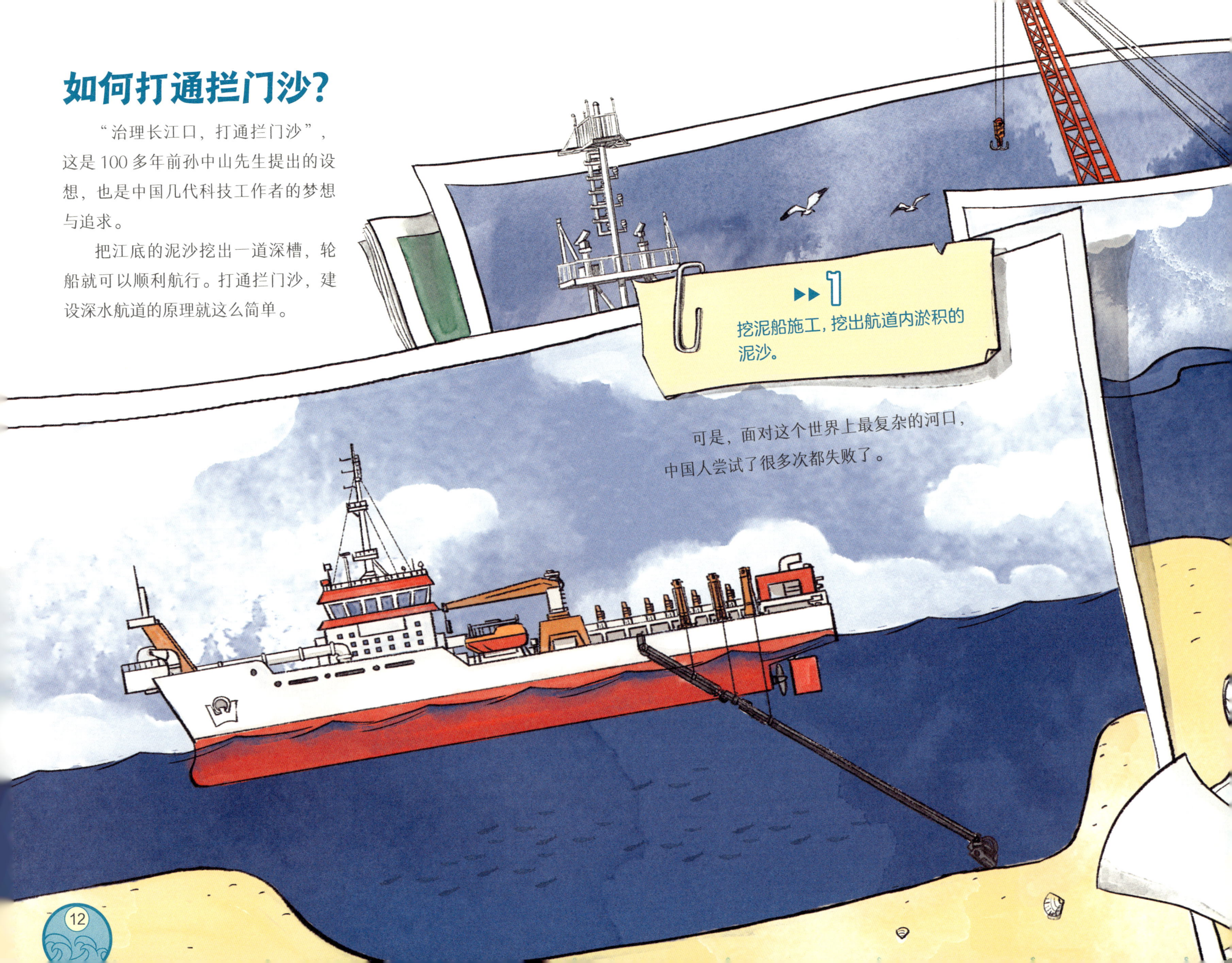

▶▶ 2

水流带来泥沙,将挖好的航道填平。

我们甚至还邀请有经验的外国专家帮忙,他们在进行实地考察后却摇摇头说:"打通拦门沙根本不可能成功。"

为什么挖泥沙很艰难?

当我们成功挖出一道深槽后,一道道海浪冲过来,它们所携带的泥沙又把深槽淤满了。这就像我们在沙滩上玩耍时留下了脚印,冲过来的一道道海浪会轻松地将它们抹掉一样。

工程师在长江口第三级分汊的地方,建了一个"Y"状的堤坝,约束着江水沿这两个汊道往东流。这个分汊就叫作南北槽分流口。

南北槽分流口

约束滔滔江水

在长江口北槽的两侧,工程师沿着水道建造了两条堤坝,它们被称为南导堤、北导堤,也有人称它们为"水下长城"。南导堤、北导堤像是给江水画了两条红线,引导江水的主流在红线里面流向大海。同时,这两条堤坝也约束着泥沙要么在主槽外面"老实待着",要么在主槽里面和江水一起流入大海。

北导堤

南导堤

丁坝

南导堤、北导堤上还有不少小树杈似的丁坝,它们可以提高江水在主槽中的流速,减少泥沙的淤积。这样,航道的水深就可以保持不变了。

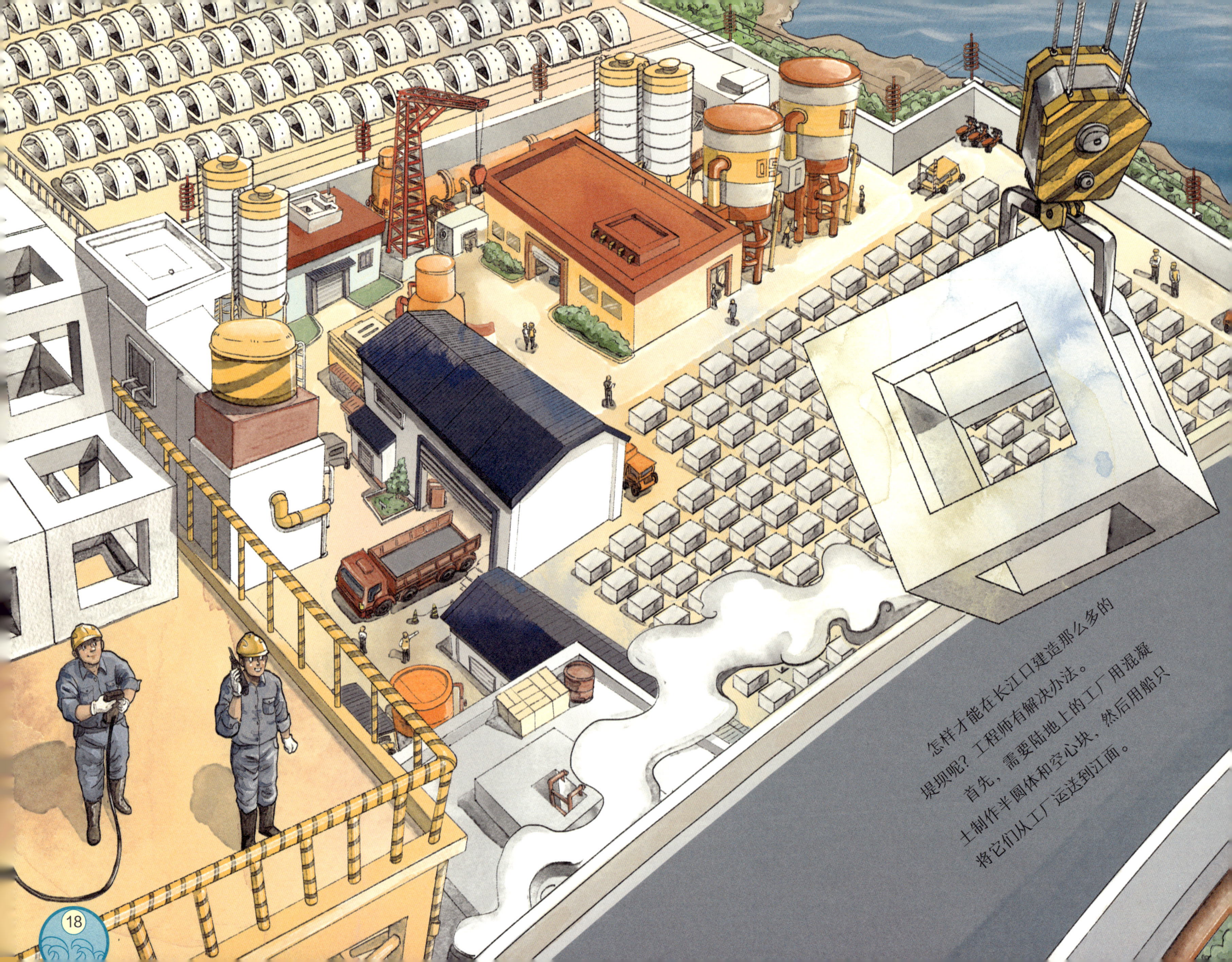

怎样才能在长江口建造那么多的堤坝呢？工程师有解决办法。首先，需要陆地上的工厂用混凝土制作半圆体和空心块，然后用船只将它们从工厂运送到江面。

半圆体和空心块是工程师建造堤坝选用的两种块体。不过，在用起重船安放这些块体之前，要先将软体排铺在江底，打造出良好的基床。

空心块筑堤
（剖面图）

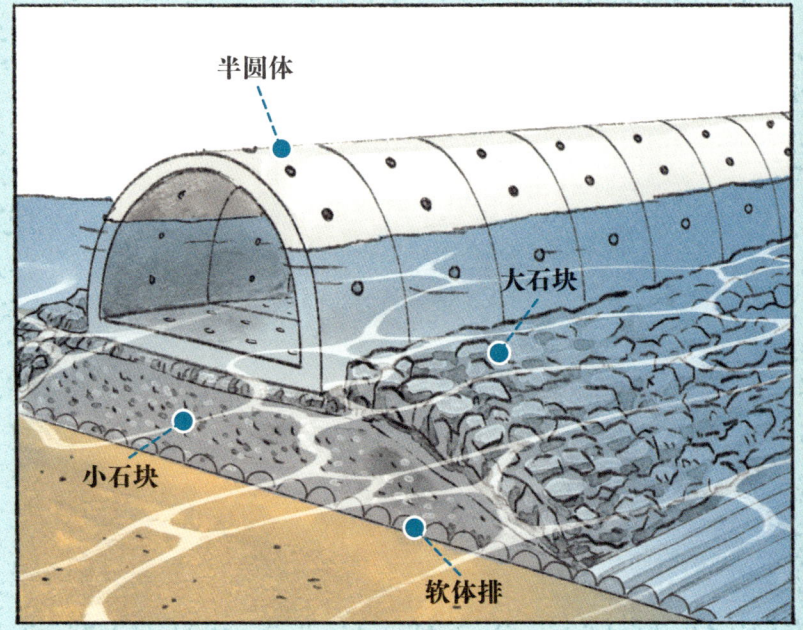

半圆体筑堤
（剖面图）

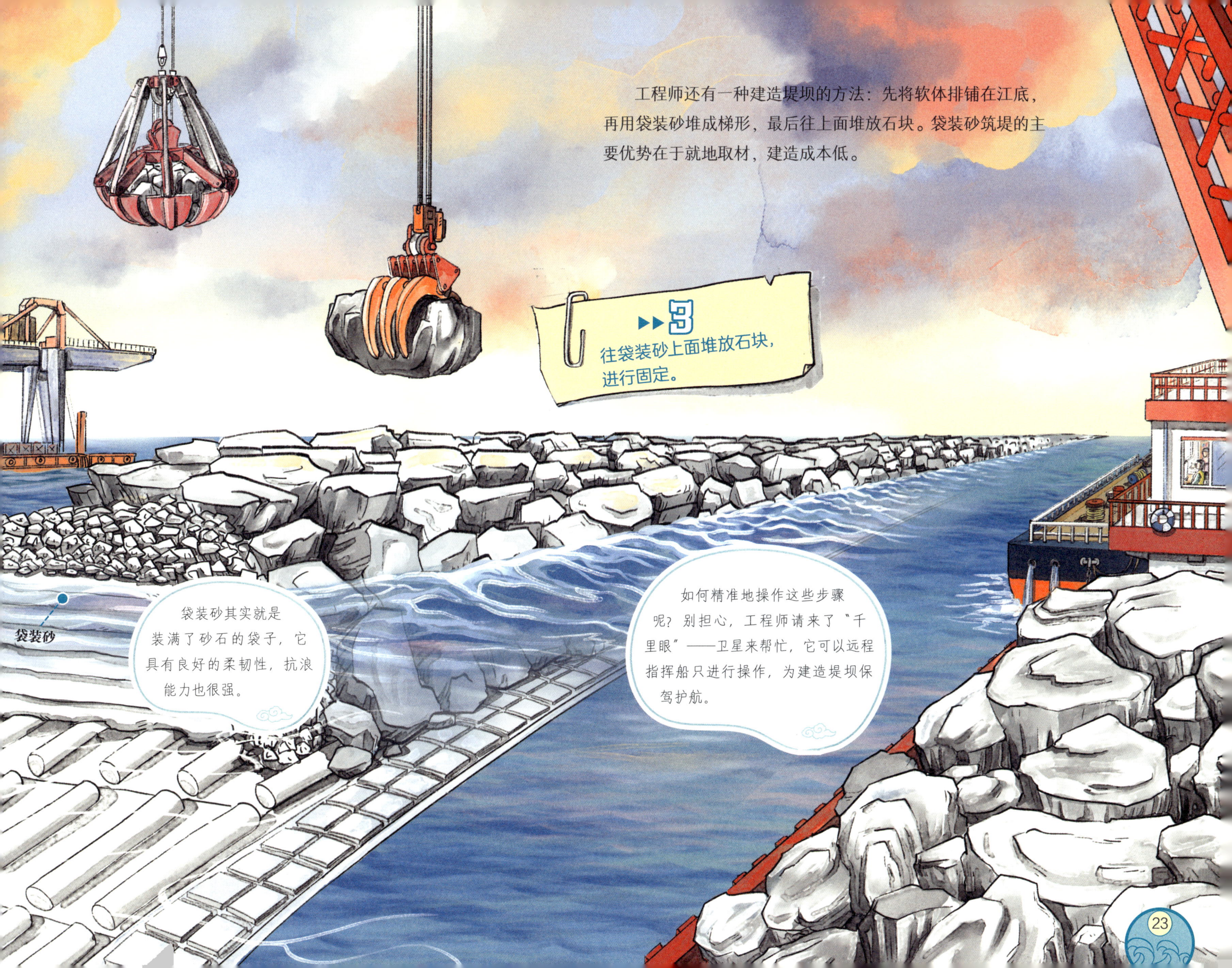

工程师还有一种建造堤坝的方法：先将软体排铺在江底，再用袋装砂堆成梯形，最后往上面堆放石块。袋装砂筑堤的主要优势在于就地取材，建造成本低。

▶▶ 3
往袋装砂上面堆放石块，进行固定。

袋装砂其实就是装满了砂石的袋子，它具有良好的柔韧性，抗浪能力也很强。

袋装砂

如何精准地操作这些步骤呢？别担心，工程师请来了"千里眼"——卫星来帮忙，它可以远程指挥船只进行操作，为建造堤坝保驾护航。

挖掘无数泥沙

虽然有了这些堤坝,可并没有让长江口的泥沙变少,也没有让江水变深,轮船还是进不来怎么办?别忘了中国有着世界上最大的挖泥船队,它们来到了长江口挖泥沙,对航道进行疏浚。

耙吸式挖泥船有两个大耙刀,它们一边在江底把泥沙耙松了,一边用耙刀上的吸泥管把泥沙吸进泥舱。等泥舱里装满了泥沙,挖泥船就会把它们排放到指定的地方。

耙刀在江底工作

远程排泥

现场排泥

当江底的泥沙很结实时，就需要用到绞吸式挖泥船了。绞吸式挖泥船的"法宝"是绞刀，它可以伸到江底把泥沙钻松。绞刀上有吸泥管，可以把松软的泥沙吸入泥舱。这些泥沙会通过排泥管被排放到合适的地方。

用挖泥船对航道进行疏浚后，由于潮汐、风浪等原因，泥沙还会再次淤积。因此，挖泥船需要定期清理泥沙，来保证长江口的通航效率。

挖泥船既能吸泥沙，也能排泥沙，主要靠它"肚子"里的泵。泵还连着一条长长的排泥管，排泥管有多长就能把泥沙排多远。

排泥管

定位桩

巨大的绞刀

长江口深水航道

长江口深水航道工程进展顺利：2002 年 8 月完成了一期工程，航道水深达 8.5 米；2005 年 11 月完成了二期工程，航道水深达 10 米；2010 年 3 月完成了三期工程，航道水深达 12.5 米。

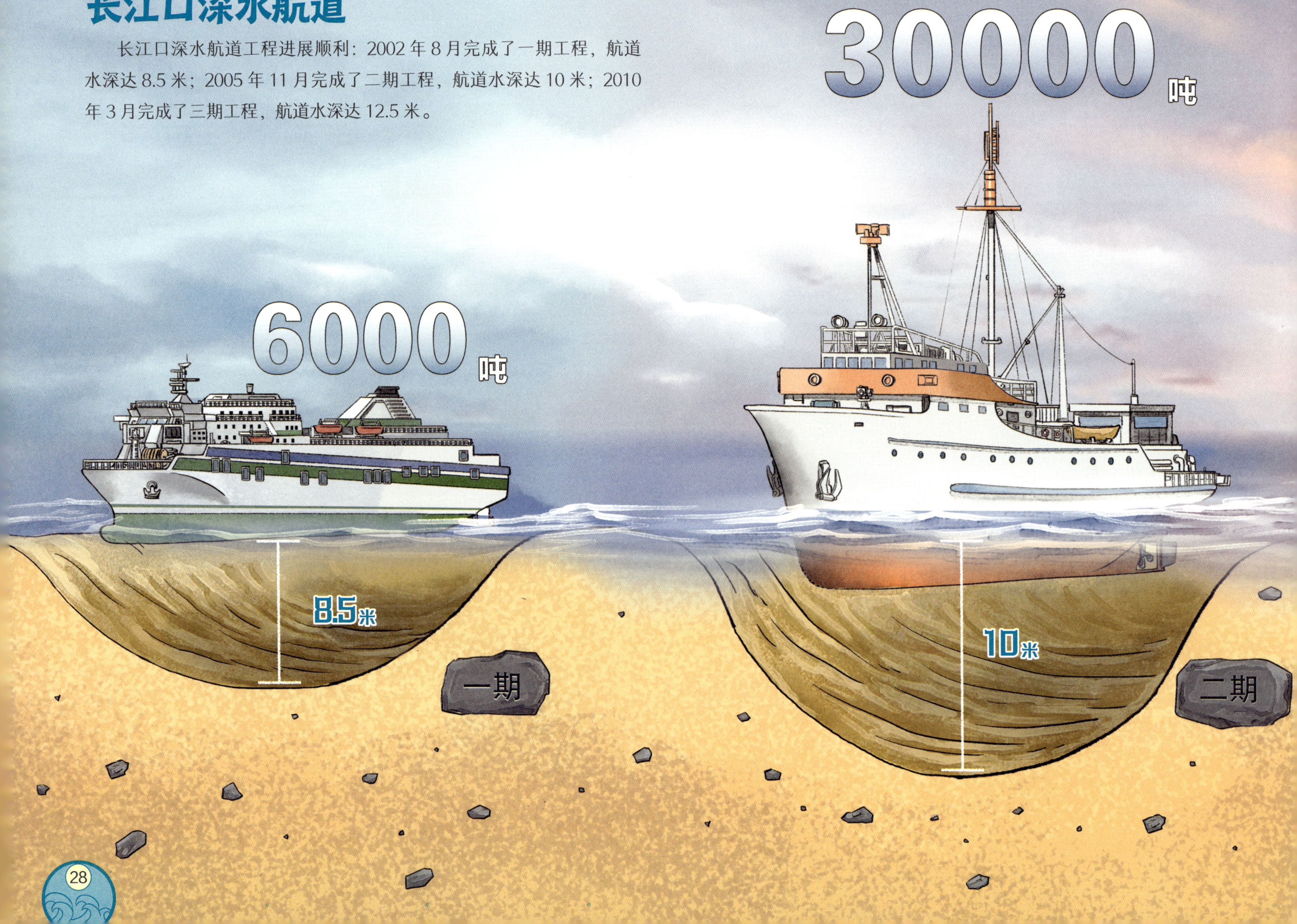

6000 吨

30000 吨

8.5 米 一期

10 米 二期

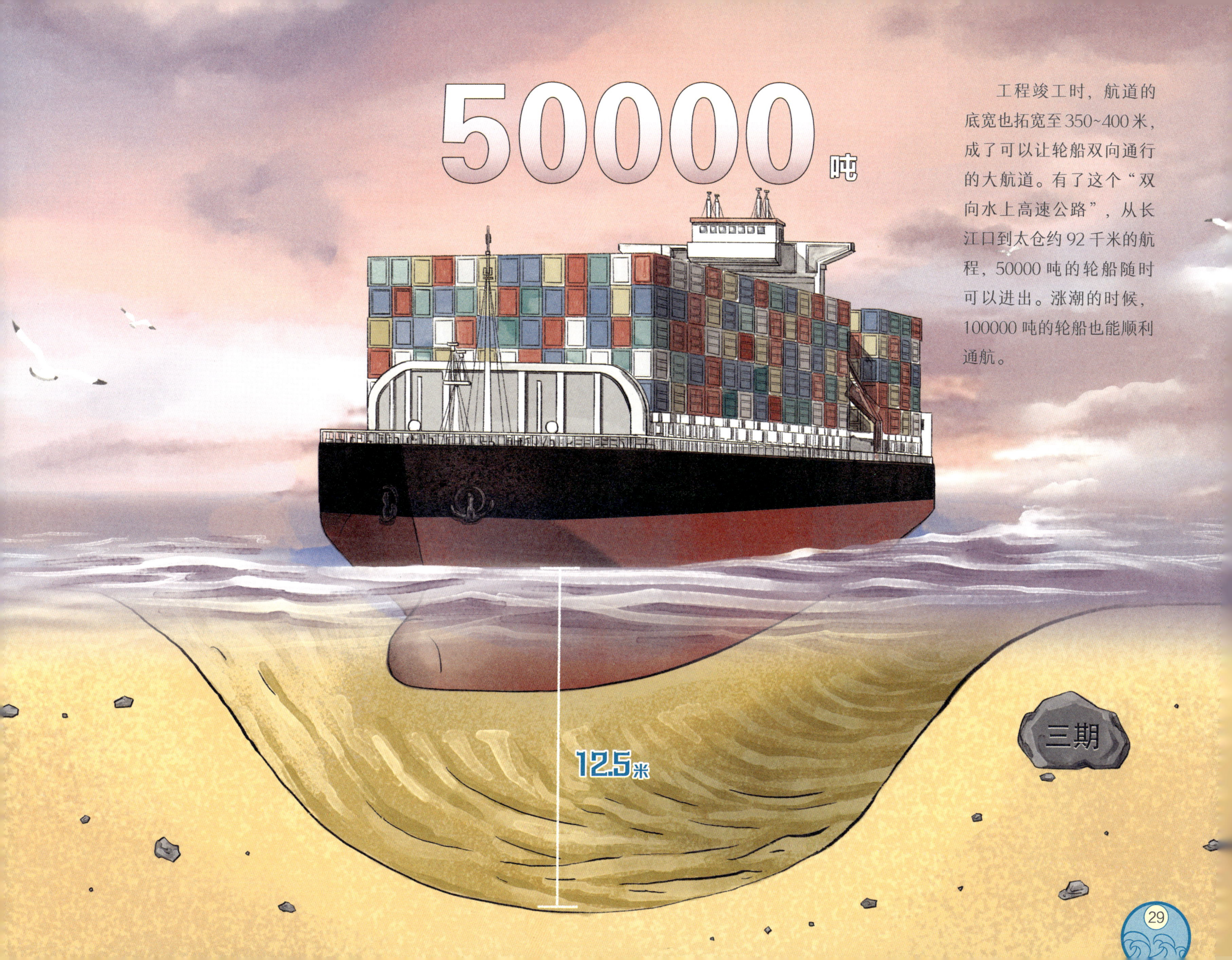

50000 吨

工程竣工时,航道的底宽也拓宽至350~400米,成了可以让轮船双向通行的大航道。有了这个"双向水上高速公路",从长江口到太仓约92千米的航程,50000吨的轮船随时可以进出。涨潮的时候,100000吨的轮船也能顺利通航。

12.5米

三期

国际航运中心

在建设长江口深水航道的同时,洋山深水港也在建设中。现在,洋山深水港已成为世界上最大的集装箱港口,长江口深水航道也已畅通无阻。来自世界各地的轮船,装载着各种各样的货物,从洋山深水港进进出出。上海成为著名的国际航运中心。

大型轮船

横跨长江的大桥

深水航道的延伸

深水航道从长江口一直通到了太仓港,轮船就能从东海直接航行到太仓。可是,它们却无法从太仓再往上游的城市行进了,因此深水航道还需要延伸。这就是从太仓到南京的深水航道工程——全长约280千米。

这段深水航道通航后,50000吨的轮船可以从东海直接航行到南京;涨潮时,100000吨的轮船也能进出航道。轮船沿途经过的南通港、常州港、泰州港等也越来越繁荣。

海门港

太仓港

上海港

繁忙的港口

负责深水航道建设的工程师

泥沙去哪里了？

在建设长江口深水航道的过程中，挖泥船从长江口挖出了多少泥沙？工程师估算过了，大概有 4 亿立方米。

那这些泥沙去哪儿了呢？最开始，这些泥沙被挖泥船倒入了东海。后来，工程师发现泥沙也是可以回收利用的资源，于是有规划地将泥沙排放到一片区域，形成了新的陆地。

用吹填泥沙的方式创造陆地，一方面减少了疏浚泥沙对环境的影响，另一方面还可以改善陆地资源，维护生物的多样性。

鱼虾怎么办？

长江不仅哺育了世世代代的中国人，还是各种鱼虾的家园。保护长江的任务任重道远。

巨大的挖泥船在江水中挖来挖去，会影响水中鱼虾的生活。工程师也意识到了这个问题，因此他们决定在江水中投放很多鱼苗，尽力保护长江的生态多样性。

暗纹东方鲀

中华鲟

翘嘴鱼

长江三角洲城市群

从上海到南京,长江沿途有很多城镇。人们衣食住行用到的各种物品,许多都需要轮船来运;工业发展所需要的矿石、煤炭、石油等也需要轮船运输。另外,轮船也会把中国的制造品运输到世界上的其他国家。所以,建设深水航道和超级港口十分重要。有了它们,就有了更加繁荣的上海,也就有了更加发达的长江三角洲城市群。

繁忙的船队,便捷的交通,良好的生态环境,这就是人类改造自然、适应自然、与自然和谐共生的美好生活。

后 记

无论年少或迟暮,我们都渴望在梦想的大道上奋力前行。无论路边是青青田野还是料峭荒原,我们都想去奔跑或驰骋。无论是风平浪静还是波涛起伏,我们都想乘船出海看那春暖花开。因为工作关系,多年来我有幸和很多设计师、工程师同行,听他们讲述在辽阔山河修路架桥、筑港通航的故事,听他们分享在祖国交通建设事业中建功立业的幸福,感受他们不经意间流露出来的披星戴月、风餐露宿的艰辛。大江大河恰恰是他们书写壮丽篇章的纸卷。长江口、珠江口,几代设计师、工程师接力奉献,一项项伟大工程不断刷新着纪录。长江口的深水航道工程,珠江口的港珠澳大桥工程、深中通道工程,便是其中的典型,代表了世界上同类工程的最高水平。

多年来,我有幸多次去工程建设现场参观,这些伟大工程屡屡让我感到震撼。尤其是站在百米桥塔之上环望珠江口,站在集装箱起重机之上环望长江口,那曾是何等激荡胸怀!希望能通过科普绘本这种方式,让更多的少年儿童了解这些伟大工程,了解建设者们的故事。

载一船千年梦想出海,满眼诗篇。

中国交通建设集团有限公司
企业文化部原副总经理
(米金升) 2024年1月10日